PRINCE AUGUSTE DE CROUY-CHANEL DE HONGRIE

LA NOBLESSE

ET LES

TITRES NOBILIAIRES

DANS

LES SOCIÉTÉS CHRÉTIENNES

Réedité par les soins de son Neveu

LE COMTE HENRY DE G^{hl} DE CROŸ-CHANEL

> La liberté, c'est la vie ;
> L'égalité, c'est la mort.

PARIS

ALPHONSE DERENNE

52, Boulevard Saint-Michel, 52

1880

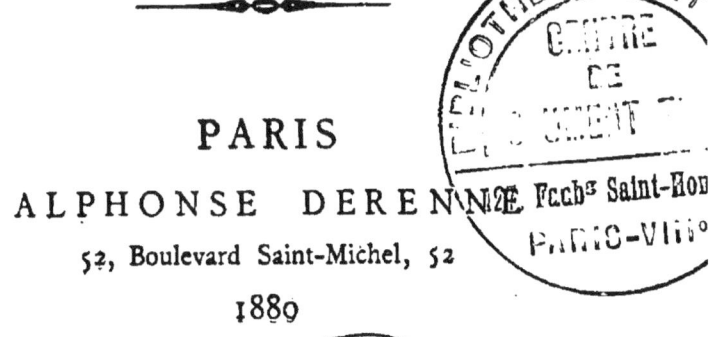

LA NOBLESSE

ET

LES TITRES NOBILIAIRES

DANS

LES SOCIÉTÉS CHRÉTIENNES

CHAPITRE PREMIER.

L'HOMME LIBRE EST GENTILHOMME

Un Rapport fait à l'Empereur par Son Excellence le ministre de la justice, *sur la noblesse et les titres nobiliaires,* a réveillé de justes susceptibilités dans toutes les classes de la société, et plusieurs publicistes, soit dans les journaux, soit dans des écrits isolés, se sont rendus les échos de ces susceptibilités.

Le but du Rapport de M. le ministre est de provoquer une *loi qui atteigne tout usurpateur de noblesse* (1) et qui fasse revivre, sinon complètement, au moins partiellement, l'article 259 du Code pénal, qui inflige de six mois à deux ans de prison à tout individu qui s'attribue un titre qu'il n'a pas légalement le droit de porter.

Déjà, par d'éloquentes paroles, M. le président

1. Nous croyons que c'est une faute d'impression qui fait dire au ministre ces mots *qui atteigne tout usurpateur de noblesse;* c'est sans doute *tout usurpateur de titres nobiliaires* qu'il a voulu dire.

Delangle, dans un Rapport au Sénat, avait appelé l'attention sur cette question de noblesse, et avait demandé que *les titres nobiliaires cessassent d'être livrés en pâture à l'intrigue et à la sottise,* etc.

Ce projet de rétablir une pénalité contre *tout usurpateur de titres nobiliaires* a été considéré par les uns comme un projet ayant pour but de raviver les abus qui existaient avant 1789, et par les autres comme une cause de perturbation pour un grand nombre de familles hors d'état de prouver légalement leurs droits nobiliaires, attendu que les documents probants se sont égarés par suite de la division des successions ou au milieu de la tourmente révolutionnaire de 1793.

Nous croyons que les craintes des uns et des autres ne sont pas fondées, et nous espérons le prouver victorieusement.

D'abord, dans toute société *chrétienne,* la distinction des hommes en castes *privilégiées* est et fut toujours une violation du principe religieux : il ne peut donc pas être question de punir tout usurpateur de noblesse, parce que le Christ, en donnant sa vie pour racheter l'humanité entière de la servitude, a restauré l'homme dans sa liberté native et dans sa fraternité primitive, qui sont devenues ainsi par ce rachat divin la base de toutes les sociétés chrétiennes.

Ainsi, de par le Christ, la liberté, qui n'était qu'un privilège d'après la loi *païenne*, est devenue *un droit universel*, et l'esclavage, qui était *un droit* d'après la loi *païenne*, est devenu à la fois un abus, un crime, et une violation de la loi divine.

En un mot, d'après l'Évangile, la liberté, qui était l'exception, est devenue la règle, et l'esclavage, qui était la règle, est devenu l'exception.

Or, s'il est évident que sous la loi païenne la qualification de citoyen fut la désignation de l'homme libre, il est non moins évident que, sous la féodalité, la qualification de noble et de gentilhomme n'avait également d'autre signification que celle d'homme libre.

Or, comme aujourd'hui tout Français est non-seulement libre, mais encore qu'il est partie intégrante de la souveraineté nationale, il est hors de doute qu'il a droit à la qualification qui désignait l'homme libre quand la liberté était un privilège et l'esclavage un droit.

Donc, de par le Christ, tout homme libre, et surtout celui qui a reçu la consécration de sa liberté par le baptême, est de droit noble et gentilhomme dans toute la chrétienté, et surtout en France, comme il était citoyen à Sparte, à Athènes et à Rome ; donc tout Français peut se qualifier de gentilhomme, comme tout Anglais se qualifie de gentleman.

Ainsi, la première Assemblée nationale, en abolissant les privilèges antichrétiens de la féodalité et tous les droits de l'homme sur l'homme, accomplit un acte de haute justice chrétienne; mais en dépouillant la noblesse de ses titres, monuments de ses glorieux souvenirs, elle commit une injustice sociale grave.

Elle n'avait pas le droit de prononcer la dégradation de la classe la plus élevée de la nation, de cette classe qui, malgré ses erreurs et ses fautes, avait été jusqu'à ce jour l'honneur et la gloire du nom français.

Elle n'avait pas le droit de priver le gouvernement du pays, soit royal, soit même républicain, d'un moyen honorable de récompenser tous les grands services, toutes les œuvres de génie, d'en perpétuer le souvenir, et de stimuler, par cette perpétuité, l'émulation de toutes les généreuses ambitions, de toutes les grandes intelligences.

Ce fut cette grave insulte, aussi injuste que funeste qui détermina l'immense majorité de la noblesse, à déserter la cause de la révolution, qui, à sa naissance, avait trouvé dans les plus grands noms de France de puissants appuis et d'éloquents apôtres.

L'émigration, la guerre de la Vendée, les proscriptions et les exécutions sanglantes, furent les douloureuses conséquences de cette insulte coupable; mais ces luttes fratricides et à jamais néfastes eurent aussi leur gloire en prouvant de nouveau qu'alors, comme toujours, le Français préfère la mort au déshonneur, qu'il monte sur l'échafaud, mais qu'il ne passe pas sous des Fourches Caudines.

Il est donc vraisemblable que ces néfastes perturbations n'auraient pas eu lieu si l'Assemblée nationale avait honorablement excepté les titres nobiliaires de la proscription dont elle flétrissait justement les droits féodaux et tous les droits d'humiliant servage puisés aux sources liberticides du paganisme qui ont empoisonné, dès sa naissance, la morale chrétienne, et entravé la marche progressive de sa sainte et bienfaisante liberté.

C'est au nom de cette liberté chétienne, fille du ciel, et ayant l'éternelle mission de toujours grandir l'homme et de l'élever vers Dieu, et non de le dégrader et de l'humilier, que l'Assemblée nationale devait compléter son œuvre d'émancipation, non en défendant à tout Français de prendre un titre nobiliaire, mais au contraire, en déclarant que tout Français naissant libre avait le droit de prendre la qualification de noble et de gentilhomme, qui désigait l'homme libre de notre époque chrétienne, comme, je le répète, la qualification de citoyen désignait l'homme libre de l'époque païenne.

Alors s'effaçaient à jamais ces appellations aussi antichrétiennes qu'antisociales de roturiers, de manants et de serfs, et l'habitant de la chaumière, devenant gentilhomme comme l'habitant du château, trouvait dans ce seul fait l'inviolabilité de sa liberté individuelle et une garantie contre tout retour à des lois de servitude.

Alors, cet habitant de la chaumière avait le même droit que l'habitant du château de devenir GENTILHOMME TITRÉ et de parvenir comme lui aux honneurs et aux dignités par ses vertus, son génie et ses services, dont tous les Français ont su donner depuis de nouvelles et de si glorieuses preuves.

Alors, enfin, l'homme *titré* n'était plus réellement que le premier parmi ses pairs, comme l'était jadis le roi de France au milieu de sa vieille noblesse, le *primus inter pares*.

En un mot, le vrai progrès social consistant à élever les dernières classes de la société au rang des premières, et non à faire descendre les premières au rang des dernières, il reste bien démontré que l'Assemblée nationale commit à la fois une injustice et une faute sociale, soit en supprimant la noblesse au lieu de la généraliser, soit en la dépouillant de ses titres, au lieu de les conserver comme un souvenir des gloires anciennes et une récompense pour les gloires nouvelles.

CHAPITRE DEUXIÈME.

LES TITRES NOBILIAIRES RÉCOMPENSES NATIONALES, ÉLÉMENTS DE LIBERTÉ.

Les conséquences funestes de cette sociale erreur de l'Assemblée nationale furent les saturnales sanguinaires de la hideuse et barbare liberté païenne, que des législateurs de collège osèrent un moment ériger en modèle de vertus civiques.

Quant à nous, nous pensons qu'un éternel voile de deuil doit être jeté sur le règne de cette prostituée de l'enfer, comme sur une journée d'ivresse et d'orage qui se perd et s'oublie au milieu de ces nombreuses et grandes journées de gloire qui ont prouvé que les cœurs qui battent sous l'uniforme de nos modernes soldats sont toujours ces cœurs braves, généreux et chevaleresques qui battaient sous la cuirasse des preux du moyen âge.

Sous l'uniforme de nos jeunes guerriers on a

retrouvé des Bayard, comme sous l'uniforme de leurs généraux on a retrouvé des Condé et des Turenne.

Ce sont ces grands noms qui se rattachent à ces grands souvenirs de la guerre, de la magistrature, des arts, des sciences et du commerce, que Napoléon 1ᵉʳ a voulu justement récompenser et perpétuer.

C'est dans ce but qu'il créa d'abord l'ordre de la légion d'honneur, et qu'ensuite il rendit les décrets de 1806 et 1808, qui recréèrent des *titres nobiliaires* pour être distribués à toutes les illustrations de son époque, titres nobiliaires qu'il qualifia justement de *titres nationaux*, de *récompenses nationales*.

Ces titres furent acceptés avec le même empressement par les nouvelles illustrations de la République comme par les anciennes illustrations de la monarchie : cet empressement fut une nouvelle preuve que la perpétuité des honorables souvenirs est également sympathique au génie et au mérite de toutes les opinions.

C'est ainsi que les titres nobiliaires renaquirent de leurs cendres avec l'autorité souveraine, non comme une futile ostentation de cette autorité, mais comme une institution nationale de tout gouvernement régulier : car si les titres nobiliaires n'étaient pas réellement un élément social nécessaire, ils seraient restés enfouis avec la féodalité sous les ruines de la vieille société.

Mais le titre nobiliaire est la spiritualité de la vie

sociale, parce que ce titre, loin de donner un droit de domination à un homme sur un autre homme, lui impose au contraire plus impérieusement le devoir de cette bienfaisance incessante qui est l'harmonie du dogme évangélique *fraternité*, *liberté*, devenu le dogme social de la France, comme il le deviendra de toute l'humanité.

Cependant quelques publicistes, au nom de la démocratie, repoussent encore les titres, et surtout les titres héréditaires, comme contraires à *l'égalité*, parce que, disent-ils, *tous les hommes, étant égaux devant Dieu, doivent être égaux entre eux.*

En effet, si ces deux pensées d'égalité devant Dieu et d'égalité entre les hommes étaient une vérité naturelle ou divine, elles seraient aussi une vérité sociale qui repousserait toute distinction entre les hommes, et surtout toute distinction héréditaire ; mais *si l'égalité est un mensonge aux yeux de la nature et de Dieu, elle est également un mensonge social.*

Or, le spectacle de la nature nous démontre, dans son incommensurable grandeur comme dans ces incompréhensibles détails, que L'INÉGALITÉ, et non *l'égalité, est l'harmonie de toute création divine ;* que les mondes et les étoiles qui inondent l'immensité ne se distinguent que par leur inégalité, comme toutes les productions animales, végétales et minérales de notre globe proclament aussi *l'inégalité* jusque dans leurs moindres atomes : or Dieu se révélant à l'homme par la nature, qui est *l'inégalité éternelle,* rien ne doit être égal devant lui, ni les anges ni les hommes ; donc *les hommes ne peuvent être égaux entre eux,* donc un frère, même, n'est pas l'égal de son frère, ni physiquement ni moralement, pas plus que l'homme de génie n'est l'égal d'un pauvre idiot tout en étant son appui fraternel.

Dieu, dans la balance de sa divine et équitable justice, doit donc peser les qualités et les fautes de tous les hommes, et doit donner à chacun la récompense ou la punition qu'il mérite ; mais cette récompense ou cette punition doit toujours être relative et proportionnelle au mérite ou à la faute, et ainsi ne *peut jamais être égale.*

De plus, *toutes les révélations* enseignent qu'il y a une hiérarchie dans le ciel parmi les anges et les saints, comme elle existe dans tous les règnes de la nature ; il doit donc exister une hiérarchie parmi les hommes et dans toutes les sociétés humaines.

Mais si *l'inégalité* est l'harmonie de l'ordre naturel et divin, elle doit être aussi l'harmonie de l'ordre social : aussi il ressort des prescriptions évangéliques, qui réflètent toutes les vérités éternelles, que toute société chrétienne doit ressembler à un arbre qui distribue *la vie nutritive* à ses grosses comme à ses petites branches, à ses grandes comme à ses petites feuilles, et à chacune dans la proportion de sa force, de sa grandeur et de ses besoins.

Ainsi, dans toute société chrétienne, s'il est juste que le riche y trouve la garantie de sa fortune, il est non moins juste que le travailleur y trouve par son travail la garantie d'une honnête existence pour lui, sa femme et ses enfants, et les infirmes et les vieillards de toutes les classes une garantie contre la misère.

Car si le Christ a dit : Il y aura toujours des pauvres et des riches dans toute société humaine, comme il y a des grandes et des petites feuilles sur un arbre ; si lui, Fils de Dieu et fils des rois, a voulu naître pauvre et travailleur, s'il a choisi ses premiers apôtres et ses premiers disciples parmi les pauvres et les travailleurs, c'est qu'il a voulu par lui et par eux HONORER ET ANOBLIR la pauvreté et le travail.

Mais si, par son exemple, le Christ a grandi et anobli le travail et l'honorable pauvreté, il a prouvé également, par son exemple, que la pauvreté n'était pas la misère : en tout et partout, par ses paroles comme par ses actes, il a guéri et extirpé tous les genres de misère et de souffrances, et en multipliant les pains, en faisant marcher les paralytiques et les infirmes, en rendant la vue aux aveugles, enfin en guérissant et en consolant tous les malades qui se trouvaient sur son passage, il enseignait à toutes les générations futures à détruire la misère et à en cicatriser les hideuses plaies qui engendrent la généralité des maux et des vices qui affligent l'humanité.

Ainsi, toute société qui n'extirpe pas la misère en la guérissant par des remèdes sociaux honorables, est toujours une société païenne et anti chrétienne qui méconnaît le dogme évangélique *fraternité, liberté*.

Mais les titres héréditaires par la perpétuité des honorables souvenirs, loin d'être en contradiction avec ce dogme évangélique, en sont au contraire la force, la vitalité et le couronnement; ils sont le complément indispensable de toute hiérarchie sociale en harmonie avec les lois naturelles et divines, dont l'égalité est la contradiction et la violation flagrante, ainsi que nous venons de le prouver.

En effet, l'égalité engendre *l'individualisme* ou l'égoïsme, et par ce fait devient la négation de tous les sentiments religieux, nobles et bienfaisants.

L'égalité est donc la négation de Dieu même, c'est l'athéisme en pratique, c'est le matérialisme en législation et la réalisation de cette célèbre et cynique parole : *la loi est athée*.

Par le régime égalitaire ou *individualitaire*, c'est le mal partout, dans la famille, dans la nation, dans l'humanité entière; ce sont les supplices et les tortures inventés par le despotisme et exécutés par la servitude; c'est le gémissement incessant des victimes de la barbarie, c'est le râlement des malheureux mourant de faim et de misère.

L'égalité, enfin, inspira la révolte et entraîna la déchéance des anges, et par suite, la déchéance de l'homme, dont la divine charité l'a seule relevé ; mais le règne de l'égalité fut et sera toujours le fléau de toute société, soit, comme en 1793, par l'anarchie et le sanguinaire niveau de la guillotine, soit encore comme dans tout l'Orient, par le niveau non moins sanguinaire du sabre et la dégradation de toute la race humaine. En un mot, l'égalité est le masque sous lequel le *génie du mal* souffle sur l'humanité tout le venin des plus funestes passions.

Tandis que la fraternité, c'est l'inspiration et la réalisation des plus célestes pensées ; c'est l'Homme-Dieu donnant sa vie pour prouver aux hommes son amour et leur enseigner la charité universelle ; c'est le pauvre Lazare cessant de mourir de faim à la porte du Pharisien de toutes les époques ; c'est le missionnaire, la sainte femme et l'homme de cœur de toutes les classes qui bravent les maladies et la mort pour soulager tous les hommes leurs frères ; c'est la pratique de tout généreux dévouement qui prouve que l'homme ne doit pas vivre en soi et pour soi, mais en tous et pour tous ; enfin la fraternité unie à la liberté sont l'âme de la vie humaine, et doivent être les éternels guides de l'homme, soit dans la marche progressive et le développement de sa grandeur morale, soit dans l'amélioration de sa double existence privée et sociale.

En effet, si la fraternité est l'émanation de l'amour divin, la liberté en est la parole, la preuve et la garantie divine.

La liberté est le principe et le droit *d'inégalité* renfermés dans les limites de l'équité.

La liberté, c'est le droit d'*être soi-même,* d'avoir la propriété de soi-même, d'agir selon les variétés infinies de sa nature, de son intelligence et de son âme, et, toujours guidé par *l'amour de Dieu et de son prochain,* de n'être soumis *forcément* ni aux croyances, ni aux opinions des autres, ni à leur volonté, ni à leur goût.

La liberté, c'est l'indépendance et le progrès de l'homme et des peuples ; l'égalité, au contraire, est leur esclavage et leur servitude.

La liberté engendre les sciences, l'industrie et les arts ; l'égalité, au contraire, n'engendre que l'ignorance, la paresse et l'abrutissement de l'homme.

Ainsi, la fraternité et la liberté, étant en harmonie avec toutes les lois naturelles et divines sont deux vérités sociales, et l'égalité, étant au contraire une violation de toutes les lois naturelles et divines, est un mensonge social.

C'est parce que ce génie du mal a su masquer

sa hideuse et sanglante personnalité sous de généreux sentiments, qu'il s'est implanté entre les deux filles du ciel, la fraternité et la liberté, et a perverti et empoisonné leurs célestes bienfaits en les transformant en licence ou anarchie, en despotisme ou homicide.

1793 fut le triomphe momentané du système égalitaire ; n'évoquons pas le souvenir de cette douloureuse époque, mais du moins ce triomphe d'un jour, par ses sanglantes conséquences, aura prouvé à jamais cette vérité éternelle : *la liberté c'est la vie; l'égalité c'est la mort.*

CHAPITRE TROISIÈME.

LES TITRES NOBILIAIRES-INSTITUTION NATIONALE.

Par toutes les considérations qui précèdent, nous espérons avoir démontré que les titres nobiliaires, qu'il ne faut pas confondre avec la noblesse, sont, comme récompenses nationales, une satisfaction sociale et un élément de liberté et de progrès ;

Qu'un titre, loin de donner uu droit quelconque à un homme sur un autre homme, ne lui impose que de nouvelles obligations sociales, que de nouveaux devoirs de famille ; qu'un titre n'est réellement qu'un baptême d'honneur supplémentaire du premier baptême de liberté donné à tout chrétien ; baptême d'honneur, qui fait en quelque sorte un fils la statue vivante de son père, et lui impose de mettre en pratique, dans toutes les circonstances de la vie, cette devise juste et chevaleresque : *Noblesse oblige.*

C'est par ces motifs aussi que nous considérons les

titres nobiliaires comme une *nécessité vitale* de tout gouvernement soit aristocratique, soit démocratique, dont ils sont les primes d'encouragement pour tous les mérites.

Il est donc évident que Napoléon Ier, en créant des titres nobiliaires, consacrait le principe que tout homme libre est noble, et avait pour but, ainsi que ses décrets le prouvent, de raviver une *grande institution nationale*, et d'accomplir une grande réparation sociale en relevant, du milieu des débris de l'ancienne monarchie, cette institution que l'Assemblée nationale, dans un moment de fièvre délirante, avait si impolitiquement brisée.

Par cette restauration à la fois juste et politique des titres nobiliaires, Napoléon Ier faisait également rentrer dans la poussière des bibliothèques toutes ces ridicules et funestes exhumations païennes de nom, de qualifications et de costumes, qui pouvaient avoir encore une valeur artistique sur un théâtre et portés par un Talma, mais qui devenaient une amère et une ignoble dérision dans la vie privée d'un peuple le plus aristocratiquement poli du monde, et surtout le plus chevaleresquement enthousiaste de toutes les idées d'honneur et de gloire.

La restauration des titres nobiliaires était la conséquence forcée de la restauration de tout pouvoir régulier, souverain et héréditaire, et Napoléon Ier, que ses victoires venaient d'élever à l'Empire, comprit qu'il ne pouvait perpétuer dans sa dynastie ce pouvoir souverain qu'en créant autour de son trône héréditaire des titres héréditaires destinés, non à créer des droits, mais à perpétuer également dans leurs familles et à rendre toujours vivants, par une qualification perpétuelle et honorable, les noms des illustres compagnons de ses victoires, de tous ces magistrats, de tous ces hommes de génie soit dans la science, soit dans les arts, que leurs services avaient également portés aux sommités de l'échelle sociale de cette époque régénératrice.

Cette moderne élévation sur le pavois d'un nouvel empereur, par le vote libre de tout un grand peuple et au milieu de tous ces glorieux soldats de la guerre comme de la paix, fut réellement une rénovation de l'élection primitive d'un roi de France au milieu de sa noblesse.

Aussi Napoléon Ier, comme nous l'avons déjà dit, ne créa-t-il pas des nobles, mais seulement des titres nobiliaires, parce que la conquête ou plutôt la généralisation de la liberté avait été réellement la conquête et la généralisation de la noblesse : l'Empereur dut donc considérer comme nobles et gentilshommes toutes les individualités d'un peuple qui venait de faire le plus grand acte possible de noblesse et de gentilhommerie en l'élevant à l'Empire.

Actuellement, d'après les principes évangéliques et la souveraineté nationale qui en découle, un empereur ou un roi n'est plus au milieu d'un peuple chrétien qu'un père ou un chef de famille au milieu de ses enfants, qu'un premier parmi ses frères ou ses pairs, comme un roi de France n'était que le premier au milieu de sa noblesse, le *primus inter pares*.

CHAPITRE QUATRIÈME.

GÉNÉRALISATION DE LA NOBLESSE, EXCLUSION DES CASTES.

Cette pensée de Napoléon Ier de considérer la noblesse comme *généralisée en France* est aussi celle de Napoléon III, qui a également concédé des titres nobiliaires, mais qui n'a pas fait de nobles.

C'est ainsi que ces deux souverains se sont montrés conséquents avec leur chrétienne origine élective, en considérant toujours tous leurs électeurs comme leurs pairs.

C'est ainsi que Napoléon Ier a concédé aux plus méritants d'entre eux des titres nobiliaires ou plutôt des *titres nationaux*, et c'est ainsi que Napoléon III continue à leur en concéder.

Si ces deux empereurs avaient aussi créé des nobles à l'instar des rois de France, comme eux, ils auraient de nouveau séparé la nation en deux castes, *noblesse* et *bourgeoisie*, ce qui eût été une atteinte grave portée aux droits qu'ils tenaient de la nation comme aux droits de la nation même, dont tous les membres sont également électeurs du pouvoir souverain et éligibles à ce pouvoir, et comme tels, tous libres, et par conséquent tous nobles et gentilshommes comme nous ne pouvons cesser de le dire.

La nouvelle dynastie, résultant de ces droits de liberté, ne pouvait donc pas les concéder à ceux qui venaient d'en faire un si éclatant usage.

Les Bourbons de la branche aînée comme de la branche cadette, ont implicitement reconnu cette conquête nobiliaire par toute la nation, car en autorisant l'ancienne noblesse à reprendre ses titres, ils ne donnaient rien à prendre au simple gentilhomme dont la qualification n'étant, comme nous le redisons encore, que la désignation *d'homme libre*, devenait sans signification au milieu d'un peuple dont le plus infime des membres était devenu comme lui *homme libre*, et jouissait comme lui de tous les droits qui découlent de la liberté.

CHAPITRE CINQUIÈME

RESTAURATION DES TITRES NOBILIAIRES, MOTIFS ET RÉSULTATS.

Après son élection au pouvoir souverain, Napoléon III fit revivre les titres nobiliaires de la Monarchie et de l'Empire, en rapportant par son décret du 24 janvier 1852 celui du gouvernement provisoire, du 29 février 1848, qui les avait interdits.

Ce décret du 24 janvier 1852, faisant revivre les dispositions des chartes de 1814 et de 1830, fut également l'accomplissement d'une volonté de Napoléon Ier hautement exprimée par l'article 4 de son décret du 13 mars 1815, qui dit :

« Nous Nous réservons de donner des titres aux
« descendants des hommes qui ont illustré le nom
« français dans les *différents siècles*, soit dans le com-
« mandement des armées de terre et de mer, dans
« les conseils du souverain, dans les administrations

« civiles et judiciaires, soit enfin dans les sciences et
« arts et dans le commerce, *conformément à la loi
« qui sera promulguée sur cette matière.* »

C'est dans l'article 2 de ce même décret qu'il qualifie également les titres nobiliaires de TITRES NATIONAUX et de RÉCOMPENSES NATIONALES.

Ainsi l'exécution rigoureuse de ce décret aurait été uniquement la restauration des anciens titres nobiliaires, qui ont pour origine les motifs désignés audit décret; il faut en excepter la *noblesse d'extraction*, qui ne doit ses titres qu'à son origine souveraine ou qui prend date à la conquête avec la royauté.

La juste révision des droits de chacun, qui aurait précédé cette restauration, aurait rendu à ces titres leur antique baptême de nationalité et de récompense nationale, que les nombreux abus du favoritisme et de la fiscalité leur avaient fait perdre. Il est donc à désirer que la loi qui sera *promulguée sur cette matière*, en vertu du Rapport fait à l'Empereur par son ministre de la justice, soit, autant que les circonstances le permettront, l'exécution du décret du 13 mars 1815.

Cette restauration par Napoléon III, dans toutes les familles, des titres qui furent les récompenses nationales accordées à leur nom, est à la fois un grand acte de justice et de sage politique, qui couronne dignement cette généreuse et chrétienne pensée du prince-prétendant qui écrivait à l'époque de nos luttes

avec la dynastie d'Orléans : « Nous voudrions que le
« gouvernement prît à tâche d'anoblir les trente-cinq
« millions de Français, en leur donnant l'instruction,
« la morale, biens qui jusqu'ici n'ont été *l'apanage* que
« d'un petit nombre, et qui devraient être *l'apanage*
« de tous. »

CHAPITRE SIXIÈME

MAJORATS ET SUBSTITUTIONS, NÉCESSITÉS SOCIALES

Aujourd'hui que la liberté ou la noblesse, que les récompenses nationales, personnelles ou héréditaires, sont justement tombées dans le domaine public des intelligences et du génie, c'est-à-dire que *l'apanage* du petit nombre est devenu *l'apanage* de toutes les vertus et de tous les mérites, nous croyons pouvoir dire, sans crainte d'être accusé de vouloir exhumer le fantôme féodal, qu'il est impossible d'entourer les titres nationaux, anciens comme nouveaux, d'une auréole de respect et de durée, sans en même temps leur assurer une vitalité forte et honorable: c'est-à-dire que la loi nouvelle qui doit fixer les droits à un titre nobiliaire et en empêcher l'usurpation, devra nécessairement faire revivre les lois sur les majorats et les substitutions, qui, si elles furent réellement le palladium de la fortune et de l'existence sociale *du petit nombre,* doivent devenir également, en *s'universalisant*, le *palladium* de la fortune et de l'existence sociale *de tous*.

C'est-à-dire que le droit de constituer un majorat ou de substituer la totalité ou une partie de sa fortune, suivant qu'on a ou qu'on n'a pas d'enfant, doit devenir *un droit général* et cesser d'être un *droit injustement restrictif de la liberté,* comme il existe aujourd'hui, d'après les lois actuelles qui règlent les donations entre-vifs et les dispositions testamentaires.

En effet, d'après ces lois, toute personne qui n'a pas d'enfant, comme tout père qui a des enfants, peut disposer, le premier de la totalité de sa fortune, et le second d'une part d'enfant en faveur d'établissements publics qui ne meurent pas, tels que : communes, hospices, corporations religieuses ou autres; or, il est évident qu'un champ, qu'une maison, donnés à une commune ou à un hospice dont l'existence est incessante, deviennent un vrai majorat, qui se substitue et se perpétue indéfiniment.

Notre demande de rétablir les majorats et les substitutions se réduit donc à la simple et juste faculté pour tout homme de faire légalement pour ses parents ou ses amis, et à tout père de faire pour ses descendants, ce qu'ils peuvent faire pour des étrangers.

Nous espérons qu'une pareille demande, loin d'être

taxée d'exagération, sera trouvée juste et équitable, et que *bientôt* la loi qui permet à un *père capié* ou *capricieux* de dépouiller ses enfants d'une partie notable de sa fortune, de la jeter en pâture à un étranger, ou de la constituer en majorat et de la substituer à une *mainmorte*, cessera enfin de défendre à un père sage et prévoyant de garantir à ses enfants le fruit de son travail et de ses économies, soit contre les fautes de l'inconduite, soit contre les vicissitudes de la fortune, en constituant un majorat destiné à être pour tous les siens une caisse de secours, un fonds de réserve et une maison de refuge.

Certes la loi qui encourage toutes les volontés bienfaisantes, qui protège tous les actes de charité publique, est une loi chrétienne et sociale ; mais, par ce même motif, en entraînant les volontés bienfaisantes d'un père pour ses enfants, elle devient une loi antichrétienne et antisociale.

La volonté souveraine qui a su faire revivre les titres nobiliaires saura également faire revivre les lois qui peuvent seules leur donner une puissance sociale honorable et bienfaisante en perpétuant l'existence du foyer paternel, où l'âme puise ses premières inspirations d'honneur, de patrie et de dévouement. Et si, dans nos temps modernes, un grand nom peut se porter aussi dignement avec une modeste aisance qu'avec une somptueuse fortune, il saura du moins lui assurer cette modeste aisance et le garantir de la misère.

Cette volonté saura mettre aussi un terme à ces ventes scandaleuses, qui, à chaque décès d'un membre de la famille, brisent l'existence et les souvenirs d'affection de la chaumière comme du château ; qui livrent à l'enchère du public, meubles, tableaux, livres, et même les vêtements et les décorations paternels, et enfin qui, par cette exécution et cette dispersion légales de la maison du père, font succéder l'indifférence et l'oubli à l'affection fraternelle, et transforment honneur et noblesse en égoïsme et personnalité.

C'est ainsi surtout que, non-seulement tous les grands souvenirs s'effacent, mais, ce qui est encore plus triste, c'est ainsi qu'à une honorable existence succèdent, *de par la loi*, la pauvreté et souvent la misère et toutes ses cruelles plaies morales et physiques.

CHAPITRE SEPTIÈME.

QUELQUES CONSIDÉRATIONS SUR LA LOI A INTERVENIR

ET SUR SA PÉNALITÉ.

Cette désorganisation générale de toutes les familles, cette existence nomade que la vente de la maison paternelle impose aux enfants, est une des grandes causes de nos perturbations sociales.

Nous croyons donc qu'un des remèdes curatifs de ce mal sera la loi qui rendra au père de famille la liberté de pourvoir à l'existence d'avenir de ses enfants, comme il pourvoit à leur existence journalière.

A cet effet, nous voudrions, comme nous l'avons déjà dit, que la loi déclarât :

1º Que tout père de *famille, titré ou non titré*, a le droit de constituer en majorat et de substituer à un ou à tous ses enfants la part d'enfant dont il a la disposition légale ;

2º Si ce majorat est commun à tous les descen=

dants du constituant, il pourra s'augmenter par des dons successifs, et sera administré par le doyen de la famille, sous la surveillance d'un conseil, comme le sont les biens de mineurs ;

3° Que ce majorat devra rigoureusement se composer d'une maison de ville ou d'une propriété rurale destinées à devenir un centre continuel de réunion et de conservation de souvenirs honorables de la famille, pouvant devenir également par son revenu une bourse commune pour l'éducation des enfants, et un refuge ou une retraite pour les nécessiteux ou les vieillards.

Déjà la loi a accordé aux familles la perpétuité du tombeau, elle complètera son œuvre de moralisation en accordant aussi la perpétuité de son berceau à tout homme qui le demandera pour lui et les siens.

Ce berceau, entouré d'attributions simples, sages et morales accordées au père et au conseil de famille (1), deviendra le vrai palladium de toutes les vertus privées et publiques, et le premier préservatif contre la misère dont l'extinction est de prescription divine et sociale, comme étant la source de presque toutes les fautes, de tous les vices, de tous les crimes et surtout de toutes les révolutions ; car l'expérience prouve que les peuples, pour soulager leurs misères, comme

1. Nous donnerons dans un autre travail nos idées sur ces attributions paternelles et des conseils de famille.

les malades pour soulager leurs souffrances, n'ont recours aux empiriques sociaux ou médicaux que quand les vrais médecins les abandonnent ou leur refusent des remèdes nécessaires ; ainsi le jour où les justes besoins des peuples seront satisfaits, les fauteurs de révolutions ne seront plus considérés que comme des fous ou des empiriques sans danger pour la société.

D'après toutes ces considérations, si la loi nouvelle admet, comme nous l'espérons, l'universalité de la noblesse comme expression de l'universalité de la liberté, et si, comme conséquence de cette liberté, elle concède *à tous* le droit de constituer en majorat ou de substituer tout ou partie de sa fortune légalement disponible, nous croyons que par cette loi aucune pénalité ne pourra atteindre l'homme qui se qualifiera de noble ou de gentilhomme, ou qui fera précéder son nom d'une particule, ou suivre du nom d'un champ, d'un village, d'une ville ou même d'un département (1), pour se distinguer d'un autre homme portant le même nom que lui. Les usurpations de noms comme de raisons sociales étant d'intérêt privé,

---

1. Il est à remarquer que ce sont les hommes les plus distingués et les plus avancés dans l'opinion démocratique qui ont eu souvent recours à ces appellations : tels que MM. Dupont (de l'Eure), Pons (de l'Hérault), Pagès (de l'Ariège), Martin (du Nord), Martin (de Strasbourg), Dupont (de Nemours), Dupont (de Cubzac), etc., etc.

ce sont toujours les tribunaux qui devront être appelés à les juger sur la demande des parties intéressées.

Quant aux titres nobiliaires, nous dirons que d'après les anciennes lois aujourd'hui en vigueur, les droits à ces titres sont :

1º Une origine impériale ou royale prouvée par actes authentiques, par arrêts de cours souveraines, ou par les traditions de l'histoire (1) ; tout descendant

---

1. Les maisons de Rohan, de Vaudemont, de Lambesc, de Talleyrand, de Carignan, de Lucinge, de la Tour d'Auvergne, comme les Comnène, les Wasa, les Bourbons, et enfin comme les Crouy-Chanel, représentés par l'auteur de ce travail, sont de droit princières par *définition d'état*.

Nous croyons devoir, dans la circonstance actuelle, citer les documents authentiques qui établissent les droits de notre maison à une origine royale et au titre de prince qui en est la déduction *légale*.

Ces documents sont :

1º Deux arrêts de la cour des comptes du Dauphiné, qui, sur le vu des titres en minutes et grosses originales, et sur les conclusions favorables et longuement motivées du procureur général, ont reconnu son origine et descendance en ligne directe masculine et légitime de Félix de Hongrie, dit de Crouy Chanel, fils d'André III, roi de Hongrie : « Ce faisant, ordonne », dit l'arrêt, « que les titres et actes seront enregistrés au greffe de
« notre dite cour, à l'effet de constater l'origine et la descen-
« dance des dits Crouy-Chanel, et de jouir par eux et leurs
« descendants en ligne directe, *des droits, honneurs et pri-
« vilèges de noblesse, et autres* résultant des dits titres et actes,
« et suivant et conformément aux lois du royaume. » etc.

2º Une bulle du magister de l'ordre souverain de Saint-Jean de Jérusalem, dit de Malte, accordant la décoration dudit ordre à MM. de Crouy, en reconnaissance d'une fondation faite en sa

légitime de têtes couronnées étant de droit prince par *définition d'état*;

2° La preuve, également authentique, que le titre

faveur par un de leurs aïeux, André II, roi de Hongrie, qui s'était engagé pour lui et ses descendants à porter cette décoration.

3° Un arrêt de la cour de cassation, qui a cassé un arrêt de la cour d'appel de Paris, qui avait ordonné la suppression du nom de Crouy, joint à celui de Chanel, tout en ne méconnaissant pas l'origine royale de la maison.

4° Un jugement du tribunal civil de Grenoble, qui, sur le vu de la réintégration des actes et titres au greffe de la cour royale, a de nouveau confirmé l'origine royale de MM. de Crouy-Chanel, proclamée par les arrêts précités, et ordonné la rectification de tous les actes où le nom de Crouy ne se trouvait pas joint à celui de Chanel, faisant défense à tout greffier et officier public de délivrer des expéditions desdits actes sans l'union des deux noms.

5° L'opinion des généalogistes de l'époque, qui ont tous reconnu, sur des titres, cette descendance de la maison royale de Hongrie; ces généalogistes sont : 1° don Villevielle, bénédictin de la congrégation de Saint-Maur; 2° M. Lacroix, généalogiste de l'ordre de Malte; 3° M. Duprat Taxis, généalogiste de l'ordre de Saint-Lazare; 4° le célèbre Pavillet, ancien et premier commis au cabinet des ordres du roi et ancien chef de la division des archives de l'Empire.

6° Enfin la décision des députés de la Hongrie, dont voici l'annonce officielle donnée par M. de Kis, agent aulique hongrois, au membre de la famille qui avait provoqué cette décision en venant s'établir en Hongrie avec ses enfants :

« Par la demande que vous avez faite à la Diète, vous sollici-
« tez les droits de l'indigénat, comme descendant des anciens
« rois de Hongrie; vous appuyez cette demande par titres offi-
« ciels, en établissant la première génération par Marc et Félix,
« fils d'André, en 1279, et allant de génération en génération
« jusqu'en 1717 et jusqu'à vous-même.

porté a une origine d'*extraction* commune à la royauté elle-même ;

3° Les diplômes anciens ou nouveaux qui ont accordé au porteur ou à ses ascendants un titre de chevalier, baron, vicomte, comte, marquis, duc ou prince ;

« En conséquence de votre demande, les comitats de la
« Hongrie ont été consultés sur la décision que les députés
« devaient prononcer sur votre indigénat et reconnaissance, et
« au comité de Comorn on a décidé « QUE NON-SEULEMENT IL
« FALLAIT VOUS ACCORDER L'INDIGÉNAT, MAIS ENCORE LE DROIT
« D'AVOIR VOIX A LA DIÈTE ET PLACE PARMI LES NOBLES MAGNATS
« HONGROIS, SI VOS TITRES PROUVAIENT AUTHENTIQUEMENT VO-
« TRE ROYALE ORIGINE. » Plus tard, et après cette décision prise
« par le comitat de Coomorn, les députés de la Hongrie, officielle-
« ment réunis ont, dans leur séance en date du 27 octobre der-
« nier (1814), décidé presque à l'unanimité (284 voix sur 286
« votants) que votre demande devait être agréée, ET ILS L'ONT
« AGRÉÉE OFFICIELLEMENT. »

Tels sont les titres officiels et les décisions judiciaires qui fixent l'origine royale de la maison de Crouy-Chanel, et son droit au titre de prince *par définition d'état.*

Nous n'aurions pas donné cet extrait de preuves généalogiques, si un procès entre deux familles, portant les mêmes armes et prétendant à la même origine, était plus généralement connu dans ses résultats.

Ce procès, auquel nous avons été personnellement étranger, a eu les résultats précités et légaux pour notre maison, et pour ses adversaires la perte des armes et de l'origine royale auxquelles ils prétendaient

Nous avons toujours déploré cette discussion entre deux maisons, qu'une pensée conciliatrice aurait mieux éclairées sur leur origine qu'un procès, qui n'inspire que des pensées hostiles plutôt que des pensées réparatrices, qui furent et seront toujours les nôtres en famille comme en politique.

4° On pourra admettre également comme preuve légale à un titre, sa possession plus que centenaire dans la famille du titulaire actuel (1) ; cette preuve pourra même se compléter par un acte de notoriété, qui attestera que les actes probants ont été égarés ou brûlés, mais que la possession du titre est incontestée et est incontestable dans le pays.

Dans tous les cas, la gracieuse volonté du souverain pourra suppléer au défaut des titres réguliers.

Cependant, sur le refus de la commission héraldique d'admettre les preuves du titulaire, ce titulaire pourra toujours en appeler aux tribunaux ordinaires qui jugeront en dernier ressort si ses prétentions sont bien ou mal fondées.

En parlant de la commission héraldique, nous pensons que la loi doit faire revivre cette commission, qui fut créée par le décret du Ier mars 1808, et que c'est devant cette commission que tout porteur de titre devra, dans un *délai déterminé*, faire la preuve de ses droits à ce titre, dont il lui sera *délivré une attestation sans frais*.

Après l'expiration du délai accordé pour faire ses

---

1. Sous la monarchie, on accordait cent ans pour faire ses preuves à tout chevalier du Saint-Esprit : c'est ainsi qu'on trouve les noms de MM. Ravez, Lainé, de Villèle, et autres noms illustres de l'époque monarchique, parmi ceux qui furent décorés du cordon bleu.

preuves, il sera défendu à tout homme non muni de *l'attestation précitée* de prendre un titre quelconque autre que celui de noble, gentilhomme, bourgeois, propriétaire ou rentier, ou de l'état qu'il professe, et défense sera faite à tout officier de l'état civil, notaires ou autres, d'accorder dans les actes de leur ministère d'autres titres que ceux précités, *sous peine de réprimande d'abord et d'interdiction en cas de récidive.*

De plus, la liste des personnes ayant fait leurs preuves devant la commission héraldique du sceau des titres, devra être publiée à Paris comme dans chaque département, dans un Annuaire spécial des titres nobiliaires, et même aussi insérée dans le *Moniteur officiel* et dans *l'almanach impérial*.

Nous croyons que cette interdiction, *sous peine de censure,* à tout officier ministériel d'accorder d'autres *titres que ceux officiellement prouvés*, sera plus que suffisante pour arrêter toute usurpation de titres nobiliaires par actes publics, comme la publicité donnée à tous les *noms légalement titrés* sera une barrière non moins suffisante contre toute usurpation de titres dans le monde des salons officiels ou intimes, qui font généralement prompte justice du faux mérite comme du faux honneur ; car si le Français, par *fierté native,* aime les distinctions, il redoute encore plus le ridicule, et malgré la brillante et célèbre ironie que Molière a déversée sur le caractère d'un monsieur Jourdain, ce caractère d'un monsieur Jourdain est aussi rare en France que celui d'un don Quichotte en Espagne.

Les excentricités ridicules de ces deux caractères mis en scène par deux hommes d'esprit, n'ont prouvé de nouveau qu'une chose connue depuis longtemps, que quelquefois le sublime et le ridicule se touchent.

Ce ridicule que Molière a déversé sur ce nom bourgeois de Jourdain, n'empêche pas que des noms tout aussi bourgeois se sont montrés sublimes à toutes les époques de notre histoire.

C'est un soldat du nom de Bouchard, qui est devenu glorieusement le premier baron chrétien et duc de Montmorency, comme c'est encore un soldat du nom de Pélissier, qui vient de devenir non moins glorieusement duc de Malakoff.

Ainsi demain, le nom de Jourdain cessera d'être ridicule et deviendra respecté et grand, si sous ce nom apparaît le génie guerrier d'un nouveau Bouchard ou celui d'un nouveau Pélissier, ou bien encore un génie de la science ou des arts, comme celui d'un Arago ou d'un Jacquart.

En un mot, l'expérience de tous les siècles prouve que le caractère français de toutes les classes comme de toutes les opinions, monte souvent et glorieusement au sublime et descend rarement au ridicule ; et si parfois ce caractère se présente, on trouve toujours que c'est l'excès du sublime qui en a produit chez lui le vertige et la folie ; dans ce cas c'est un pauvre malade d'esprit digne de pitié et non de punition.

CHAPITRE HUITIÈME.

CONCLUSION, L'IDÉE CHRÉTIENNE, UN DERNIER VŒU.

Telles sont les pensées simples et chrétiennement pratiques sur la noblesse et les titres nobiliaires inspirées à un vieillard par l'amour de Dieu et de tous les hommes ses frères, et par une longue expérience du monde, qu'il a pu observer à tous les degrés de notre échelle sociale, sous la tiare papale, sous la couronne royale, comme sous les haillons de la plus douloureuse misère.

Ce sera une consolation dans nos propres souffrances si nos lecteurs partagent nos sentiments sociaux et notre conviction profonde, que dans toute société chrétienne tout homme libre est noble et gentilhomme, que les titres nobiliaires, récompenses nationales, sont une nécessité sociale comme éléments de liberté et de progrès, et que l'interdiction, sous peine *de réprimande*, à tout officier public d'accorder un titre dans les actes de son ministère, sans le vu de la preuve des droits audit titre, et la publicité donnée à tous les noms titrés, sont deux moyens suffisants pour arrêter toute usurpation.

C'est aussi l'étude pratique de notre société moderne qui nous a inspiré un travail que nous comptons également publier, si Dieu nous laisse encore vie pendant quelque temps.

Ce travail, intitulé, *l'Idée chrétienne, Dieu, fraternité, liberté* précédé d'un *Coup d'œil sur la société*, prouvera, du moins nous l'espérons, que *le Code des Évangiles* est *le vrai code social* dont la mise en pratique est *simple, juste et facile*, et que les lois civiles et politiques déduites de ce code *religieux et humanitaire* peuvent seules assurer la stabilité actuelle et future de tous les gouvernements, comme la prospérité progressive de tous les peuples.

Au reste, voici, d'après nous, les principales déductions sociales de *l'Idée chrétienne* développée dans ce travail.

L'idée chrétienne, *Dieu, fraternité, liberté*, est le résumé des paroles divines du Christ.

Pour l'humanité entière,

C'est la connaissance de Dieu;

C'est la connaissance de l'homme et de ses devoirs envers Dieu et le prochain;

C'est le rachat de la servitude et de l'esclavage

et l'avénement de la liberté et de tous les droits qui en découlent par le sacrifice et la glorification de l'Homme-Dieu ;

C'est la régénération de la famille par celle de la femme, relevée de son abaissement de servante et d'esclave à sa dignité de compagne et de premier guide de l'homme par les vertus et la divine mission d'une mère couronnée Reine des cieux et protectrice de l'humanité ;

C'est le commandement du respect à l'autorité paternelle et l'enseignement de ses attributions sociales ;

C'est la conservation du foyer domestique par la constitution de la famille, perpétuant l'union et l'assistance mutuelle entre tous ses membres ;

C'est l'abolition de tous les privilèges et de tout droit d'un homme sur un autre homme, et la sauvegarde de tous les souvenirs et de tous les titres glorieux et honorables ;

C'est le triomphe de la vérité sur l'erreur par la preuve des faits, la libre discussion, et jamais par la violence ;

C'est la guérison de la misère et la garantie de la propriété par l'assurance de l'existence de chacun par tous et de tous par chacun ;

C'est la réprobation de la paresse et de l'ignorance, l'anoblissement du travail et la *vulgarisation* de l'instruction et de tous les arts utiles ;

C'est la flétrissure pour toutes les ingratitudes et la bénédiction pour tous les bienfaits ;

C'est la condamnation de tous les abus, de tous les vices et de tous les crimes, et la récompense de toutes les vertus ;

C'est l'extinction des haines, des vengeances, des combats et des guerres d'homme à homme et de peuple à peuple, par le triomphe de la charité sur l'égoïsme ;

C'est la proscription de toutes les réunions de débauche et de prostitution, et la tolérance de tous les cultes, de toutes les associations, corporations ou réunions privées ou publiques, religieuses ou morales, littéraires ou politiques ;

C'est l'interdiction de toute publication athée ou licencieuse et la liberté de la parole et de la presse pour toute opinion, discussion religieuse, morale, sociale, politique, administrative ou d'intérêts privés ;

C'est la garantie de la liberté individuelle et l'inviolabilité du domicile ;

C'est la suppression de tout monopole, de toutes fonctions, charges ou taxes qui aggravent la misère ou entravent les rapports sociaux ;

C'est la liberté du commerce, de l'industrie, des transactions, et l'équitable répartition de tout impôt ;

C'est la déchéance de l'anarchie et du despotisme et la soumission à toute autorité émanant de la volonté divine par la voix des peuples, qui est la voix de Dieu ;

C'est la suppression de la peine de mort, des tortures physiques et morales et des peines afflictives ou infamantes, et la punition de toutes les fautes et de tous les crimes par la pénitence et leur rachat par le repentir ;

C'est l'abrogation de toutes les lois injustes, fiscales ou corrosives de l'ordre social, et le règne d'une justice paternelle sans entraves et d'une impartiale et bienveillante équité ;

Enfin c'est la conciliation universelle des hommes et des peuples par la fraternité, qui est l'ARBRE DE VIE DE L'HUMANITÉ.

Pour la vie intérieure de l'homme :

L'idée chrétienne c'est la tendresse et la fidélité conjugale, l'amour dévoué et protecteur de la mère et du père pour leurs enfants, et l'affection reconnaissante et respectueuse des enfants pour leurs parents ;

C'est le lien incessant de la famille avec la société et de la société avec la famille ;

C'est la censure de l'avarice et de la prodigalité, et le guide d'un charitable emploi de la fortune ;

C'est le remords de la conscience pour tous les méfaits, et la joie de l'âme pour toutes les bonnes actions ;

C'est le dévouement à l'humanité et l'inspiration de tous les actes charitables, grands et généreux ;

C'est la simplicité et la modestie dans la grandeur et les succès, le courage et la dignité dans l'adversité;

C'est la bienveillance envers ses inférieurs, et le respect envers la vieillesse et ses supérieurs ;

C'est la gardienne de l'honneur, la fidélité à la parole et aux engagements, la garantie de toutes les probités privées et publiques, et la force de l'honnête homme ;

Enfin, c'est la courageuse résignation dans toutes les souffrances physiques et morales, et la religieuse consolation de la mort, par l'espérance d'une vie éternelle avec Dieu.

En un mot, l'idée chrétienne, c'est *l'idée de Dieu même, incarnée dans l'humanité par son Verbe éternel fait homme.*

TABLE DES CHAPITRES

CHAPITRE PREMIER
L'homme libre est gentilhomme 5

CHAPITRE DEUXIÈME
Les titres Nobiliaires récompenses nationales, éléments de liberté 11

CHAPITRE TROISIÈME
Les titres Nobiliaires institution nationale 21

CHAPITRE QUATRIÈME
Généralisation de la noblesse, exclusion des castes 25

CHAPITRE CINQUIÈME
Restauration des titres Nobiliaires, motifs et résultats 27

CHAPITRE SIXIÈME
Majorats et substitutions, nécessités sociales 31

CHAPITRE SEPTIÈME
Quelques considérations sur la loi à intervenir et sur sa pénalité 35

CHAPITRE HUITIÈME
Conclusion ; l'idée chrétienne ; un dernier vœu 45

Imprimerie A. Derenne, Mayenne. — Paris, boulevard Saint-Michel, 52.

www.ingramcontent.com/pod-product-compliance
Lightning Source LLC
Chambersburg PA
CBHW070656050426
42451CB00008B/379